पहचान एक ज़िन्दगी से ...

मान्यता चड्ढा

"वक्रतुण्ड महाकाय सूर्यकोटि समप्रभ
निर्विघ्नं कुरु मे देव सर्वकार्येषु सर्वदा"

जय श्री गणेश

विघ्नहर्ता हो दैवों के देव
प्रथम पूजनीय हो
जय श्री गणेश
सुख-समृद्धि ले कर
सबके घर तुम हो आते
विघ्नों को हर के
खुशियाँ दे जाते
जय श्री गणेश
ज्ञान ही ज्ञान तुममे
मैंने पाया
जीवन का आधार
तुमको है बनाया
जय श्री गणेश
भक्ति भाव से
जो तुमको माँगे
जीवन समृद्धि से
भर जाए।
जय श्री गणेश

क्रम-सूची

क्रम-सूची

प्रस्तावना   vii

1. मन में बसा कृष्णा   1

2. वर्षा ऋतु   3

3. हँसना सीख ले   5

प्रस्तावना

मैं आपके साथ अपना पहला कविता संग्रह "पहचान एक जिंदगी से" साझा करने के लिए रोमांचित हूं। यह पुस्तक भाषा के प्रति मेरे प्रेम और कविता के माध्यम से अपने विचारों और भावनाओं को व्यक्त करने के मेरे जुनून का परिणाम है। इस पुस्तक की कविताएँ मेरे व्यक्तिगत अनुभवों, भावनाओं और मेरे आसपास की दुनिया की टिप्पणियों का प्रतिबिंब हैं। मुझे उम्मीद है कि जब आप इन कविताओं को पढ़ेंगे, तो आप उनसे जुड़ने में सक्षम होंगे और उन्हीं भावनाओं का अनुभव करेंगे जो मैंने उन्हें लिखते समय किया था। मैं चाहती हूं कि यह पुस्तक आपको प्रेरित करे, आपको सोचने पर मजबूर करे, और भाषा की सुंदरता और मानव अनुभव के कई पहलुओं का पता लगाने में आपकी मदद करे। मुझे उम्मीद है कि यह आप पर एक स्थायी छाप छोड़ेगी और आपको इसमें कुछ ऐसा मिलेगा जो आपके दिल की बात कहती है। इस यात्रा में मेरे साथ जुड़ने के लिए धन्यवाद, और मुझे उम्मीद है कि आपको इस किताब को पढ़ने में उतना ही मजा आएगा, जितना मुझे इसे लिखने में आया।

1. मन में बसा कृष्णा

कृष्णा मनमोहना,
मेरे मन में बसा कृष्णा ।
मनमोहक बांसुरी वाले,
मोह लिया ये मन मेरा ।
सच्चे प्रेम का प्रतीक हो
सबके मन के मीट हो
हे गिरिधर, गोपाल, जगत पिता
मनमोहक सा रूप लिए तुम
मधुर-मधुर मुस्कान हो
हे श्याम सुंदर, राम-राम
बेचैन मन का निवारण हो तुम
बसा हैं जो शब्द
सृष्टि के कण-कण में
एसा उज्ज्वल नाम हो तुम
ना कोई पीड़ा ना कोई संकट
सबके पालनहार हो तुम
मैं भी हुई कृष्ण-कृष्ण सी
कृष्ण-कृष्ण सारा जगत् हुआ
राम नाम ने पार लगाया
राक्षसों का संघहार हुआ
सब कष्टों से जगत निजात हुआ
माखन चुराकर दुख हर लिया
मुरली बजाकर मन मोह लिया
सब कष्ट ले कर
सुख ही सुख दे दिया

महावीर बनकर युध लड़ लिया
नींव बन गये हर युग की तुम
भक्तों के प्रेम में नया
युग रच दिया
कर्मों का ज्ञान देकर
श्रीमद् भगवद् गीता
ग्रंथ रच दिया
कृष्ण समाये मन में मेरे
मैं समाई कृष्ण में
गई ढूढ़ने जब कृश तुम्हें में
पूरा ब्रह्माण्ड समाया कृष्ण में ॥

2. वर्षा ऋतु

वर्षा कि कुछ बूँदे
अमृत बन बरसे
जल पड़ते ही तन में
मन पवित्र हो जैसे
मौसम ने आज ये
कैसी वर्षा कि चादर फैलाई
भीगा कण-कण
भीगा तन-मन
भीगी माटी महकाई
मचलती पवन भी
कुछ बूँदे साथ लाई
मस्ती भरे मन से
मुझसे आके टकराई
मैं मन ही मन मुस्कुराई
वर्षा कि बूँदो से
हरियाली भी चमक आई
महकने लगे फूल
पत्तियाँ भी खिल आई
बूँदो से मिली
माटी भी महक आई
वर्षा से माटी में
सौंधी से ख़ुशबू आई
प्रकृति अपने आप में
अपनी सुंदरता दिखाए
वर्षा ऋतु में बार-बार

बारिश कि बूँदो संग
मन ललचाये ।
ये वर्षा ऋतु बार-बार आए
ये वर्षा ऋतु बार-बार आये ॥

3. हँसना सीख ले

हँसना सीख ले आज तू इतना
के तेरे सामने दुखों की
चिताएँ जलाई जाएँगी ।
हँसना सीख ले आज तू इतना
के तेरे सामने कठिनाईओ
कि बारात बुलाई जाएगी
हँस के जीत ले आज तू
दुनिया वरना,
पहेली बनी रह जाएगी ।
हँसना सीख ले आज तू इतना
के राहों पर कांटे बिछाए जाएंगे
कदम-कदम पर
कांटे चुभाए जाएंगे
दुखों कि मलाये
ख़ुशी से पहनाई जाएँगी
हर मोड़ पर रुकवाते
खड़ी की जाएगी
हँसना सीख ले आज तू इतना
कि हर जंग की
तू मर्दानी कहलाएगी
शक्ति रूप का
आधार हैं तू
दुर्गा, काली भी बन जाएगी।
हँसना सीख ले आज तू इतना
के तेरे सामने दुनिया भी

झुक जाएगी
ये तेरी हँसी
अंधकार को मिटाएगी
सच्च का सामना कर
झूठी दुनिया से लड़
लड़ते-लड़ते एक दिन
तू मिसाल बन जाएगी ।
हँसना सीख ले आज तू इतना........

4. खोये से वो पल

खोये हुए से वो पल
आज पहली बार,
कुछ इस तरह मिले...........
गम का सागर भरा था
मन में इतना,
उन पलों के सहारे
बह चले ।
रूठना तो कभी
फ़ितरत ही न थी हमारी
किसी ने देखा हि नहीं
मुड़कर कभी, पीछे
हम बस वही खड़े थे ।
खोये हुए से वो पल
जो गम चुरा ले गये
दिल कि किज़ोरी में
कैद थे कबसे,
जो सब ख़ाली-ख़ाली
कर गये ।
मन में बोझ सा रखना
ज़िंदगी सी थी
बिन कहे सब कहना
आदत सी थी
अब तो लगता था
गम ही सच्चाई हैं
ज़िन्दगी जीने का आधार

गमो से दोस्ती कर
उनके सहारे जी रहे थे
हम भी ।
खोये हुए से वो पल
तुम न मिलते
तो शायद अच्छा था
पता नहीं ज़िन्दगी का
कौनसा पहलू था
जो सच्चा था
गमो कि तो आदत सी थी
जीने के लिए
पता नहीं क्यों मेरा मन
आज, ख़ाली-ख़ाली पड़ा था
खुशी पर यकी होता नहीं
कि वो सच हैं
खुशी होते हुए भी
बहुत सोचना पड़ा था ।
खोये हुए से वो पल
आज पहली बार,
कुछ इस तरह मिले......

5. मासूमियत

देख कर मासूमियत
उस चेहरे की,
ख़्वाब बुन रहे थे ।
समय कि माला में
मोतीं सा पिरो रहे थे ।
मासूमियत वो ख़्वाब सी थी
या हकीकत,
हँस के हम भी,
ख़्वाबो में खो रहे थे ।
देख कर मासूमियत
उस चेहरे की
ख़्वाब बन रहे थे ।
सच कभी दिखता नहीं
खुली आँखों से जिस तरह
झूठ ही झूठ बसता हैं
इस दुनिया में जिस तरह
मासूमियत रूह तक जाकर
दस्तक दे रही थी
हमे भी सच्चा सा लगा
वो मासूम सा चेहरा
देख कर मासूमियत
उस चेहरे की
ख़्वाब बुन रहे थे ।
तेज उस चेहरे का
सूरज-सा तेज था एसा

मासूम मुस्कान में जैसे
नजरो में प्रेम सा था एसा
परिभाषित नहीं वो शब्द
जो ख़्वाबो में बुन रहे थे
हम तो ज़िन्दगी से
समय चुरा कर
बस ख़्वाब बुन रहे थे ॥

6. बरसती बूँदे

जब वर्षा आती हैं
एहसास सी बन जाती हैं
नभ से बरसती बूँदे
पल-पल भीगा जाती हैं
ठंडी हवा सी बूँदे
मन महका जाती हैं
वर्षा कि बूँदे
निर्मल कर जाती हैं
वर्षा कि बूँदो संग
भीगे सब बच्चे
खेलने लग जाते हैं
कागज़ कि नाव बना कर
पानी में बहाते हैं
छपक-छपक कर
पानी में सब बच्चे
कूदते जाते हैं
वर्षा संग हम बच्चे
अपनी मस्ती दिखाते हैं
जब वर्षा आती हैं
एहसास सी बन जाती हैं ॥

7. ज़िन्दगी का पेड़

ज़िन्दगी के पेड़ से
कुछ टूटे बिखरे पत्ते
समेट रहे थे ।
हवा के झोकों से बिखरे
वक़्त के पलो को
समेट रहे थे ।
कुछ यादे पेड़ सी जावा दिखी
कुछ पेड़ सी बूढ़ी
दस्तक देती दिल के
दरवाज़े पर
ये मासूम सी हवाए
यादों से भरी
टूट कर पत्तो सी गिरती
यादों को बस समेटे
सोच रहे थे ।
कुछ तूफान ऐसे भी थे
ज़िन्दगी में,
जो सब उड़ा ले गए
खुली आँखो से भी
ना दिखे जो
सब वक़्त वो बिखर गए
समझ पाते जब
न पेड़ बचा,न पेड़ के पत्ते
बस, याद आते हैं आज भी
उस पेड़ कि महकती ख़ुशबू

ठण्डी हवा से झोके
सीना ताने खड़ा पेड़
फूलो और फलों से भरा
मज़बूत, छायादार
पंछियों का बसेरा
उनका चहचहाना
एक खुशहाल महकता जीवन
एक एहसास,
आत्मसम्मान से जीने का
ज़िन्दगी के पेड़ सा
बस वही बैठे
कुछ यादों को समेट रहे थे ॥

8. सच्च की ज़िन्दगी

ना जाने कौन सी
मंज़िल थी वो,
ना जाने कौन सा था रास्ता
परिन्दों से बंद जाल में
ना जाने कौन से था आसमा
सच्च तो था
पर सच्चा न था
झूठ भी था पर
दिखता कहाँ था
वक़्त के सायों में
खुद को समेटे
अच्छाई की मशाल लिए
सच्चाई की परिभाषा ढूढ़ते
गुम हुए कुछ रास्ते
छूट गई कुछ मंज़िले
रह गई कुछ लम्हों सी यादे
खाक बन मिट्टी में उड़के
ना जाने कौन सी
मंज़िल थी वो
ना जाने कौन सा था रास्ता
वक़्त जो बहता है बार-बार
नहीं रुकता हाथों में सिमट के
कैसे दूर करूँ वो कांटे
फूल बन बरसे ज़िंदगी में
सच्च से बुना साया अपना

दुनिया में सच्चा ना रहा
सच्च कर्म के जाल में पिरो कर
ना शब्द बचे ना पल
क्या दिखते थे
क्या दिखाए गए
लगी आग ऐसी
जल गया सब
जब सच्च के सायो में थे
हम ही हम, पाए गए ॥

9. खोया सा रंग

कही खोया-खोया ये रंग
लिए अपना वजूद दुनिया में
एक मशाल जलाए
तलाश सच्च की
पूछता एक प्रशन
हैं कोई मुझसा मुसाफ़िर यहाँ ?
एक चाहत एसी
ईश्वर तुम्हें पालू
देख लू एक बार खुद को
मैं क्यू नहीं
कही मैं बिखरी
कही मैं टूटी
अंजान नहीं खुद से
बेखबर,
रह गई सिमट के
साँसे,
अंजान मैं नहीं
आँसू भी था पास
पर मोटी सा न था
पानी था इतना
बस समन्दर कम था
हर कोई यहाँ पूछता
मुझे, मुझसे ही
क्या सिर्फ मैं ही
खड़ी अकेली यहाँ थी

देख इस संसार को
मैं भी संसार में
फिर क्यूँ सूना-सूना
हर पल लगा
तूने भेजा अकेली यहाँ
अकेली थी, अकेली रही
आऊँगी अकेली पूछने
तू क्यूँ न अकेला रहा
कही खोया-खोया ये रंग ॥

10. कौनसा रूप

ये भवर, ये अंधेरा
कौनसा ये रूप तेरा ज़िन्दगी
हैं कौनसा एहसास
लहरों के विपरीत
जाने का ज़िन्दगी
यहाँ न कोई दर्द की दवा
यहाँ नहीं आँसू मोती
फिर भी हैं लहू पानी ज़िन्दगी
तेरे रूप को देखकर ही
जीने का दिल करता हैं
ज़िन्दगी,
कौनसा रूप, कौनसा रंग
दुनिया में तेरी ज़िन्दगी
काँटे भी दिखते हैं
फूलो से सुन्दर
ज़िन्दगी के सफ़र में ज़िन्दगी
काश, के आज
बेखबर दुखों से
ख़ुद को भूल जाऊ मैं,
तेरी इस दुनिया में
ज़िन्दगी, ज़िन्दगी.............